200**PARADIDDLE**
ÜBUNGENFÜR**SCHLAGZEUG**

Über 200 Paradiddle-Übungen, Grooves, Beats & Fills zur Verbesserung der Schlagzeugtechnik

SERKAN**SÜER**

FUNDAMENTAL**CHANGES**

200 Paradiddle-Übungen für Schlagzeug

Über 200 Paradiddle-Übungen, Grooves, Beats & Fills zur Verbesserung der Schlagzeugtechnik

ISBN: 978-1-78933-183-7

Fundamental Changes Ltd.

www.fundamental-changes.com

Titelbild Copyright Shutterstock: Milosz Aniol

Das Inhaltsverzeichnis

Einführung   5

Wichtige Hinweise zum Üben   7

Hol dir das Audio   9

Single Paradiddle   10

Single Paradiddle Drumfills   12

Single Paradiddle Drumbeats   16

Inverted Paradiddle   18

Reversed Single Paradiddle   21

Flam Paradiddle   22

Single Flammed Mill   23

Single Dragadiddle   25

Single Paradiddle Feet Patterns   27

Double Paradiddle   29

Double Paradiddle Drumfills   31

Double Paradiddle Drumbeats   35

Double Paradiddle mit Flams und Drags   37

Reversed Double Paradiddle   38

Drag Paradiddle #1   40

Double Paradiddle Feet Patterns   41

Single Paradiddle-Diddle   43

Single Paradiddle-Diddle Drumfills   45

Single Paradiddle-Diddle-Drumbeats   49

Reversed Single Paradiddle-Diddle   51

Flam Paradiddle-Diddle   52

Single Paradiddle-Diddle Feet Patterns   53

Triple Paradiddle   55

Triple Paradiddle Drumfills   57

Triple Paradiddle Drumbeats   60

Reversed Triple Paradiddle   62

Triple Paradiddle mit „Flams" und „Drags"   63

Drag Paradiddle #2   64

Triple Paradiddle Feet Patterns   65

Gemischte Paradiddle-Übungen   67

Gemischte Paradiddle-Übungen in zwei Takten   68

Gemischte viertaktige Paradiddle-Übungen   79

Paradiddle Cadence   83

Fazit   84

Einführung

Paradiddles sind beliebte Rudiments, die häufig in Drumfills, Beats und Solo-Phrasen verwendet werden. Sie sind essenzielle Patterns für jeden Schlagzeuger, der sein Vokabular und seine Schlagzeugtechnik erweitern möchte und sie sind ein grundlegender Bestandteil der musikalischen Sprache eines jeden Schlagzeugers.

Viele Schlagzeuglehrer bezeugen die Tatsache, dass die Schüler zwar oft recht schnell die Drum-Rudiments aufgreifen, aber die meisten damit kämpfen, wie sie diese auf das gesamte Set anwenden können, um effektive Grooves und Fills zu spielen.

Dieses Buch enthält über 200 Beispiele, die dir die vier grundlegenden Paradiddles, aber auch ihre musikalische Anwendung vermitteln. Es ist für Anfänger bis Fortgeschrittene mit Grundkenntnissen in Rhythmik und Schlagzeugtechnik (Einzelschlagnoten, Doppelschlagnoten, grundlegende Drumbeats, Flams und Drags) konzipiert.

Es gibt verschiedene Arten von Paradiddles, und die Beherrschung jedes einzelnen wird deine musikalischen und technischen Fähigkeiten auf unterschiedliche Weise entwickeln. Die vier Grundmuster der Familie der Paradiddle Rudiments, die wir untersuchen werden, sind:

- **Single Paradiddle**

- **Double Paradiddle**

- **Single Paradiddle-Diddle**

- **Triple Paradiddle**

Durch das Durcharbeiten dieses Buches und das Einbeziehen dieser Paradiddles in dein Spiel wirst du schnell neue Erkenntnisse über Rhythmus, Phrasierung und Musikalität gewinnen.

Wie dieses Buch organisiert ist

Jedes Kapitel hat zwei Hauptelemente:

- Theoretische Erklärungen und Definitionen

- Notierte und aufgenommene Beispiele, die dir helfen, eine solide Schlagzeugtechnik aufzubauen

Was du lernen wirst

Die mehr als 200 Beispiele in diesem Schlagzeug-Methodenbuch werden dir beibringen...

- Jeden Paradiddle durch musikalische Beispiele zu lernen und zu verinnerlichen

- Jeden Paradiddle in Drumbeats und Fills anwenden zu können

- Deine Technik, Koordination, Flüssigkeit, Kreativität und Ausdauer am Schlagzeug zu entwickeln

- Mit anderen Musikern selbstbewusst zu spielen

- Die für das Selbststudium erforderlichen Fähigkeiten zu entwickeln

- Die Schlagzeugnotation leichter zu lesen

Ich bin zuversichtlich, dass du, wenn du dieses Buch vollständig liest und übst, dein Spiel schnell auf ein viel höheres Niveau bringen wirst.

Ich wünsche dir viel Glück auf deiner Reise als Schlagzeuger*in. Viel Spaß mit dem Buch!

Serkan Süer

Halifax, N.S., Kanada; April 2018

Wichtige Hinweise zum Üben

Lies alles in dem Buch! Du wirst wahrscheinlich das Eintauchen in die Beispiele attraktiver finden, als jedes Kapitel vor dem Spielen sorgfältig durchzulesen. Bitte lies die kurzen Theorieabschnitte, da du sonst wichtige Informationen, Tipps und Definitionen verpassen könntest. Um das Beste aus deiner Übungszeit herauszuholen, empfehle ich dir dringend, das Buch vollständig zu lesen.

Benutze ein Metronom. Das Üben mit einem Metronom wird dir helfen, deine Fähigkeiten schneller zu entwickeln. Das Anfangstempo für jedes Beispiel beträgt 45 bpm (Beats per Minute). Wenn du dich mit einer Übung wohlfühlst und sie genau spielen kannst, dann erhöhe dein Tempo, aber allmählich und stufenweise. Im 4/4-Bereich sollte jeder Klick eine 1/4-Note sein. In 6/8 sollte jeder Klick eine 1/8-Note sein.

Übe regelmäßig. Tägliche Übungseinheiten (mindestens 45 Minuten) werden deine Gesamtentwicklung schnell steigern. Wenn du dir nicht jeden Tag Zeit nehmen kannst, versuche, mindestens zweimal pro Woche zu üben.

Wiederhole die Beispiele immer wieder. Beim Training ist die Wiederholung wichtig. Spiele jede Übung in verschiedenen Tempi ab, um deine Fähigkeiten zu verbessern und das *Muskelgedächtnis* aufzubauen. Übe jedes Groove-Beispiel wiederholt, während du verschiedene Ride-Pattern-Oberflächen (geschlossene Hi-Hats, offene Hi-Hats, Ride-Becken, Standtom, Cowbell, etc.) und verschiedene Snare-Drum-Optionen (Cross-Stick oder Rim-Shot-Beats) verwendest.

Hör dir das Audio beim Üben an. Durch das Anhören des Audios kannst du die Beispiele leichter lernen.

Erstelle deine eigenen Übungen. Nachdem du jeden Abschnitt beendet hast, werde kreativ und schreibe deine eigenen Variationen. Dies wird dir helfen, „ins Schlagzeug spielen rein zu kommen" und ein viel tieferes Verständnis der Musik zu entwickeln. Drumbeat-Beispiele in diesem Buch sind mit geschlossenen Hi-Hats geschrieben. Du kannst jedes Beat-Pattern auch auf anderen Oberflächen wie dem Ride-Becken, Crash-Becken, Cowbell, Standtom etc. spielen.

Spiele die entgegengesetzten Handkombinationen: Beginne jedes Beispiel mit deiner schwächeren Hand. Für einige Beispiele sind im Buch Handkombinationen angegeben. Wenn du ein linkshändiger Schlagzeuger bist, oder ein rechtshändiger und willst deine Technik entwickeln, dann übe die Beispiele mit den entgegengesetzten Kombinationen der führenden Hand.

Übe die „Push-Pull"-Technik. Das Erlernen der *Push-Pull-Technik* hilft dir, konsistente Doppelschläge zu spielen, was ein unverzichtbarer Teil der Paradiddle-Technik ist, besonders bei schnelleren Tempi. Diese Technik ist auch nützlich, um Doppelschläge gleichmäßig auf verschiedenen Oberflächen zu spielen (besonders auf Tomtoms).

Jede Hand macht eine Abwärtsbewegung. Drücke den Stick/ lasse den Stick fallen, um einen Aufprall auf der Oberfläche zu erzeugen. Deine Finger kontrollieren die Anzahl der Aufpralle.

Nach dem ersten Aufprall ziehst du den Stick mit den Fingern und Handgelenken zurück. Schlage während dieser Aufwärtsbewegung die zweite Note.

Diese Technik ist auch für die Ausführung von Paradiddles mit Flams in schnellerem Tempo nützlich. Wiederum macht jede Hand eine Bewegung nach unten. Man drückt den Stick/ lässt den Stick fallen, um zwei Aufpralle (einen Doppelschlag) auf der Oberfläche zu erzeugen.

Nach dem zweiten Aufprall ziehst du den Stick mit den Fingern und Handgelenken zurück. Schlage während dieser Aufwärtsbewegung den dritten Ton (den Vorschlag eines Flams) an. Du kannst diese Technik aufbauen, indem du regelmäßig mit einem Metronom übst.

Notation: Die in diesem Buch verwendete Notation lautet wie folgt:

| Bass Drum 1 | Bass Drum 2 | Snare Drum | Ghost Note (Snare Drum) | Rack Tom | Floor Tom | Hi-hats (Closed) | Ride Cymbal | Hi-hat Foot |

Hol dir das Audio

Die Audiodateien zu diesem Buch stehen unter **www.fundamental-changes.com** zum kostenlosen Download bereit, der Link befindet sich oben rechts. Wähle einfach diesen Buchtitel aus dem Drop-Down-Menü und folge den Anweisungen, um das Audio zu erhalten.

Wir empfehlen, die Dateien direkt auf deinen Computer und nicht auf dein Tablet herunterzuladen und sie dort zu extrahieren, bevor du sie deiner Medienbibliothek hinzufügst. Du kannst sie dann auf dein Tablet oder deinen iPod ziehen oder auf CD brennen. Auf der Download-Seite gibt es ein Hilfe-PDF und wir bieten auch technische Unterstützung über das Kontaktformular.

Single Paradiddle

Der Single Paradiddle ist eines der häufigsten und wichtigsten Schlagzeug-Rudiments und wird oft in Drumbeats, Fills und Solo-Phrasen gespielt. Die Beherrschung dieses Rudiments wird dir helfen, deine Schlagzeugtechnik, Kreativität, Flüssigkeit und Ausdauer auf dem gesamten Schlagzeug zu entwickeln.

Paradiddle bezieht sich auf zwei abwechselnd gespielte Einzelschläge (R L oder L R) und einen Doppelschlag (R R oder L L). Jeder abwechselnde Einzelschlagteil wird als „Para" und jeder Doppelschlagteil als „Diddle" bezeichnet. Ein einzelner Paradiddle besteht aus zwei Einzelschlägen und einem Doppelschlag. Das Sticking Pattern eines einzelnen Paradiddle-Wirbels ist R L R R - L R L L und die ersten Einzelschlagnoten sind akzentuiert.

Das erste Beispiel zeigt den 1/16-Paradiddle. Übe zunächst auf deiner Snare Drum in langsamerem Tempo (50-60 bpm). Dann beschleunige allmählich.

Beispiel 1:

Das Verschieben der akzentuierten Noten ist eine übliche Methode, um Variationen des einzelnen Paradiddles zu schaffen. Hier sind einige Beispiele.

Beispiel 2:

Beispiel 3:

Beispiel 4:

R L R R L R L L R L R R L R L L

Beispiel 5:

R L R R L R L L R L R R L R L L

Beispiel 6:

R L R R L R L L R L R R L R L L

Beispiel 7:

R L R R L R L L R L R R L R L L

Beispiel 8:

R L R R L R L L R L R R L R L L

Single Paradiddle Drumfills

Als nächstes lernst du, wie du den Single Paradiddle in großartig klingenden *Drumfills* auf dem gesamten Set einsetzen kannst. Das Einüben der unten aufgeführten kreativen Ideen wird deine Koordination, deine Flüssigkeit und deine Kreativität auf dem gesamten Schlagzeug verbessern.

Die akzentuierten Noten werden auf den Becken (mit Bass Drum) angeschlagen. Die restlichen Noten werden auf der Snare Drum gespielt:

Beispiel 9: *Der Single Paradiddle.*

R L R R L R L L R L R R L R L L

Beispiel 10: *Die Single-Paradiddle-Variation.*

R L R R L R L L R L R R L R L L

Beispiel 11: *Die Single-Paradiddle-Variation.*

R L R R L R L L R L R R L R L L

Die akzentuierten Noten werden auf dem Standtom oder dem Rack Tom geschlagen. Die restlichen Noten werden auf der Snare Drum gespielt:

Beispiel 12: *Der Single Paradiddle.*

R L R R L R L L R L R R L R L L

Beispiel 13: *Die Single-Paradiddle-Variation.*

R L R R L R L L R L R R L R L L

Beispiel 14: *Die Single-Paradiddle-Variation.*

R L R R L R L L R L R R L R L L

Der Single Paradiddle, zwischen dem Standtom und dem Rack Tom gespielt:

Beispiel 15: *Der Single Paradiddle.*

R L R R L R L L R L R R L R L L

Beispiel 16: *Die Single-Paradiddle-Variation.*

R L R R L R L L R L R R L R L L

Beispiel 17: *Die Single-Paradiddle-Variation.*

R L R R L R L L R L R R L R L L

Die akzentuierten Töne werden auf der Snare Drum angeschlagen. Die restlichen Noten werden zwischen dem Standtom und dem Rack Tom gespielt:

Beispiel 18: *Der Single Paradiddle.*

R L R R L R L L R L R R L R L L

Beispiel 19: *Die Single-Paradiddle-Variation.*

R L R R L R L L R L R R L R L L

Beispiel 20: *Die Single-Paradiddle-Variation.*

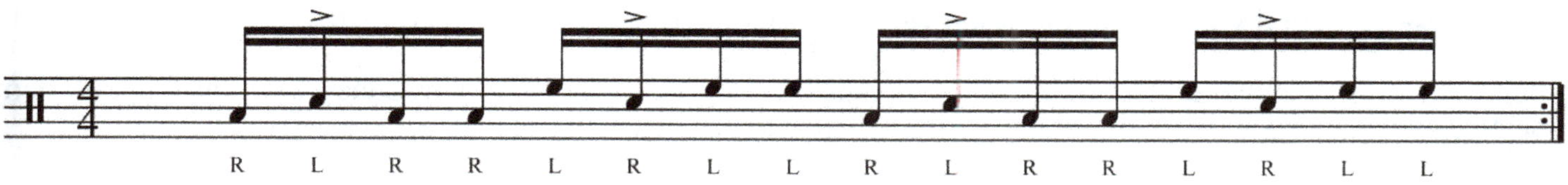

Single Paradiddle Drumbeats

Es klingt gut, Single-Paradiddle-Ideen als *Drumbeats* zu verwenden. Diese Beats können in Rock, Funk, Pop, Rap, Jazz-Fusion und vielen anderen Stilen verwendet werden.

Hier sind einige einzelne Paradiddle-Beat-Beispiele. In jedem Beispiel wird das Ride-Pattern auf den geschlossenen Hi-Hats gespielt und der Backbeat auf den Schlägen 2 und 4 geschlagen.

Beispiel 21:

Beispiel 22:

Beispiel 23:

Das nächste Beispiel demonstriert einen Halftime-Single-Paradiddle-Drumbeat. Das Ride-Pattern wird auf den geschlossenen Hi-Hats gespielt und der einzelne Backbeat wird auf Schlag 3 geschlagen.

Beispiel 24:

Ghost Notes verleihen den Single-Paradiddle-Drumbeats meist ein cooles, funky Feeling. Diese klingen besser, wenn die Ghost Notes weicher gespielt werden.

In jedem der folgenden Beispiele wird der Single Paradiddle zwischen den geschlossenen Hi-Hats und der Snare Drum gespielt, wobei die Backbeats auf die Schläge 2 und 4 geschlagen werden. Die restlichen Noten der Snare Drum werden als Ghost Notes gespielt. Bevor du diese Beispiele spielst, hör dir die Audioaufnahmen an und schau, wie sie in Aktion klingen.

Beispiel 25:

R L R R L R L L R L R R L R L L

Beispiel 26:

R L R R L R L L R L R R L R L L

Beispiel 27:

R L R R L R L L R L R R L R L L

Inverted Paradiddle

Der *Inverted Paradiddle* ist eine Umkehrung des Single-Paradiddle-Rudiments. Der Doppelschlag (Diddle) wird in die Mitte eines jeden Paradiddles verschoben, um den Inverted Paradiddle zu erzeugen. Das Sticking Pattern ist R L L R - L R R L.

Hier sind zwei verschiedene Variationen des Inverted Paradiddle. Bei jeder Variation liegen die Akzente auf unterschiedlichen Schlägen. Nimm dir die Zeit, wenn du sie auf der Snare Drum übst.

Beispiel 28: *Variation 1.*

R L L R L R R L R L L R L R R L

Beispiel 29: *Variation 2.*

R L L R L R R L R L L R L R R L

Es ist eine gute Idee, den Single Paradiddle und Inverted Paradiddle zusammen in einem Takt zu üben.

Beispiel 30:

R L R R L R L L R L L R L R R L

Das Erlernen des Inverted Paradiddle hilft dir, deine Koordination zu verbessern und interessante Ideen für Drumfills und Groove-Konstruktionen zu erhalten.

Sieh dir die folgenden Inverted-Paradiddle-Fills an.

Beispiel 31:

Beispiel 32:

Beispiel 33:

Beispiel 34:

Das nächste Beispiel zeigt einen grundlegenden Drumbeat, der aus dem Inverted Paradiddle erzeugt wurde. Das Ride-Pattern wird auf den geschlossenen Hi-Hats gespielt und die Backbeats sind auf 2 und 4.

Achte auf das Sticking Pattern.

Beispiel 35:

Der nächste Inverted-Paradiddle-Beat wird zwischen den geschlossenen Hi-Hats und der Snare Drum mit den Backbeats auf 2 und 4 gespielt.

Die restlichen Noten der Snare Drum werden als Ghost Notes gespielt.

Beispiel 36:

Reversed Single Paradiddle

Wenn du die Doppelschlag (Diddle)-Schläge an den Anfang jedes Paradiddles bewegst, erzeugst du ein *Reversed-Single-Paradiddle*-Sticking-Pattern: R R L R - L L R L.

Beispiel 37:

R R L R L L R L R R L R L L R L

Wie du in den Beispielen unten sehen kannst, ist es möglich, coole Drumfills aus den Reversed Single Paradiddles zu erzeugen.

Beispiel 38:

R R L R L L R L R R L R L L R L

Beispiel 39:

R R L R L L R L R R L R L L R L

Flam Paradiddle

Der *Flam Paradiddle* ist eine Kombination aus zwei Drum Rudiments: dem Single Paradiddle und dem Flam. Es ist eine aufgepeppte Version des 1/16-Single-Paradiddle mit Vorschlägen. Der erste Schlag jedes Paradiddle wird als Flam gespielt.

Beispiel 40:

Das nächste Beispiel wird dir helfen, dein flüssiges Spielen und deine Ausdauer auf dem Set zu entwickeln. Es ist ein Flam-Paradiddle-Fill, den man in Grooves verwenden kann.

Die Haupttöne werden bei jeder Zählzeit auf dem Standtom bzw. dem kleinen Tomtom geschlagen. Die restlichen Noten werden auf der Snare Drum gespielt.

Beispiel 41:

Das letzte Beispiel für ein Flam Paradiddle ist ein einfacher Halftime-Drumbeat. Der Hauptton wird auf der Snare Drum als einzelner Backbeat auf Schlag 3 gespielt. Die restlichen Noten werden auf den geschlossenen Hi-Hats als Ride-Pattern gespielt.

Nachdem du dieses Beispiel geübt hast, versuche, deine eigenen Flam-Paradiddle-Beats mit verschiedenen Snare- und Bass-Drum-Variationen zu spielen.

Beispiel 42:

Single Flammed Mill

Das nächste Flam Rudiment, das wir untersuchen werden, ist die *Single Flammed Mill*. Dieses Rudiment basiert auf einer Umkehrung des Single Paradiddles, auch als „Single Mill" bekannt.

Eine Single Mill besteht aus einem Doppelschlag und zwei abwechselnden Einzelschlägen, und wird als R R L R oder L L R L gespielt. Im Gegensatz zum Reversed Single Paradiddle liegen die Akzente auf dem ersten Schlag jedes Doppelschlags (Diddle).

So wird die Single Mill notiert.

Beispiel 43:

Wenn du mit dem 1/16-Single-Mill-Pattern vertraut bist, ist es an der Zeit, die Single Flammed Mill zu lernen. Vorschläge werden dem Pattern hinzugefügt und die erste Note jeder Single Mill wird als Flam gespielt.

Beispiel 44:

Nun lernen wir einen Drumfill, der aus dem Single-Flammed-Fill aufgebaut ist. Spiele das ganze Rudiment zwischen dem Standtom und dem Rack Tom, ohne deine Handposition zu verändern.

Beispiel 45:

Der nächste Drumbeat basiert auf einer einfachen Idee: Die Single Flammed Mill wird zwischen den geschlossenen Hi-Hats und der Snare Drum gespielt, wobei die Backbeats auf den Schlägen 2 und 4 geschlagen werden. Die restlichen Noten der Snare Drum werden als Ghost Notes gespielt.

Das Anhören des Audiotracks wird dir helfen, den Groove leichter zu verstehen.

Beispiel 46:

Single Dragadiddle

Der *Single Dragadiddle* ist das letzte Rudiment, das auf dem Single Paradiddle basiert. Dieses Rudiment ist ein 1/16-Paradiddle, das mit einem Drag (1/32-Doppelschlag) beginnt. Der Drag wird mit einer kurzen Linie am Hals jeder akzentuierten Note angezeigt.

Lerne, wie man den Single Dragadiddle spielt.

Beispiel 47:

Nun, schau dir diesen coole, einfachen Dragadiddle-Fill an. Die Drags werden bei jedem Schlag auf das Standtom bzw. die kleinen Tomtoms geschlagen. Die restlichen Noten des Rudiments werden auf der Snare Drum gespielt.

Beispiel 48:

Das folgende Beispiel demonstriert einen Halftime-Drumbeat, der mit dem Single Dragadiddle erzeugt wurde. Das Ride-Pattern wird auf den geschlossenen Hi-Hats gespielt und der einzelne Backbeat (ein Drag) wird auf Schlag 3 gespielt.

Beispiel 49:

Neben dem Single-Dragadiddle-Rudiment kann man mit dem Single Paradiddle auch Drags in verschiedenen Kombinationen spielen.

Hier ist ein kreatives Beispiel.

Beispiel 50:

Single Paradiddle Feet Patterns

Du kannst interessante *Single Paradiddle Feet Patterns* erstellen und spielen, um deine Fußtechnik, dein Tempo und deine Balance auf dem Schlagzeug aufzubauen.

Hier werden vier Grundideen und Beispiele gezeigt. Schau dir jede Idee und jeden Groove sorgfältig an.

Die Single Paradiddle Roll wird zwischen der Bass Drum und dem Hi-Hat-Fußpedal gespielt. Die Backbeats werden auf Schlag 2 und Schlag 4 geschlagen.

Beispiel 51:

Die Single Paradiddle Roll wird zwischen der Bass Drum 1 und der Bass Drum 2 gespielt. Die Backbeats werden auf Schlag 2 und Schlag 4 gespielt.

Beispiel 52:

Die Single Paradiddle Roll wird zwischen der Bass Drum 1 und der Bass Drum 2 gespielt. Die Backbeats werden auf Schlag 2 und Schlag 4 gespielt, die 1/4-Noten-Ride-Beckenschläge werden dem Groove hinzugefügt.

Beispiel 53:

Die Single Paradiddle Roll wird zwischen der Bass Drum 1 und der Bass Drum 2 gespielt. Die Backbeats werden auf Schlag 2 und Schlag 4 gespielt, die 1/8-Ride-Beckenschläge werden dem Groove hinzugefügt.

Beispiel 54:

Double Paradiddle

Der Double Paradiddle ist das zweite primäre Paradiddle-Rudiment. Es hat eine 1/16-Sextolenstruktur und besteht aus vier abwechselnden Einzelschlägen und einem Doppelschlag.

Das Sticking Pattern einer Double Paradiddle Roll ist R L R L R R - L R L R L L und der erste Einzelschlag wird akzentuiert.

Die Notation des Double-Paradiddle-Rudiments ist unten dargestellt.

Beispiel 55:

R L R L R R L R L R L L R L R L R R L R L R L L

Nun wollen wir einige Variationen des Double Paradiddles untersuchen. Wenn du dir diese Variationen genauer ansiehst, wirst du feststellen, dass die akzentuierten Noten jedes Mal verschoben werden.

Nimm dir Zeit und führe diese Snare-Drum-Übungen genau aus.

Beispiel 56:

R L R L R R L R L R L L R L R L R R L R L R L L

Beispiel 57:

R L R L R R L R L R L L R L R L R R L R L R L L

Beispiel 58:

R L R L R R L R L R L L R L R L R R L R L R L L

Beispiel 59:

R L R L R R L R L R L L R L R L R R L R L R L L

Beispiel 60:

R L R L R R L R L R L L R L R L R R L R L R L L

Beispiel 61:

R L R L R R L R L R L L R L R L R R L R L R L L

Double Paradiddle Drumfills

Aus dem Double Paradiddle lassen sich viele abwechslungsreiche Drumfills konstruieren. Hier sind einige kreative Ideen und Fill-Beispiele. Übe diese Beispiele, um Ausdauer und Tempo in deinem Schlagzeugspiel zu entwickeln.

Die akzentuierten Noten werden auf den Becken (mit Bass Drum) geschlagen. Die restlichen Noten werden auf der Snare Drum gespielt:

Beispiel 62: *Der Double Paradiddle.*

Beispiel 63: *Die Double-Paradiddle-Variation.*

Beispiel 64: *Die Double-Paradiddle-Variation.*

Die akzentuierten Noten werden auf dem Standtom oder Rack Tom gespielt. Die restlichen Noten werden auf der Snare Drum gespielt:

Beispiel 65: *Der Double Paradiddle.*

R L R L R R L R L R L L R L R L R R L R L R L L

Beispiel 66: *Die Double-Paradiddle-Variation.*

R L R L R R L R L R L L R L R L R R L R L R L L

Beispiel 67: *Die Double-Paradiddle-Variation.*

R L R L R R L R L R L L R L R L R R L R L R L L

Der Single Paradiddle wird komplett zwischen dem Standtom und dem Rack Tom gespielt:

Beispiel 68: *Der Double Paradiddle.*

R L R L R R L R L R L L R L R L R R L R L R L L

Beispiel 69: *Die Double-Paradiddle-Variation.*

R L R L R R L R L R L L R L R L R R L R L R L L

Beispiel 70: *Die Double-Paradiddle-Variation.*

R L R L R R L R L R L L R L R L R R L R L R L L

Die akzentuierten Töne werden auf der Snare Drum gespielt. Die restlichen Noten werden zwischen dem Standtom und dem Rack Tom gespielt:

Beispiel 71: *Der Double Paradiddle.*

R L R L R R L R L R L L R L R L R R L R L R L L

Beispiel 72: *Die Double-Paradiddle-Variation.*

R L R L R R L R L R L L R L R L R R L R L R L L

Beispiel 73: *Die Double-Paradiddle-Variation.*

R L R L R R L R L R L L R L R L R R L R L R L L R L R L R R L R L R L L

Double Paradiddle Drumbeats

Das Double-Paradiddle-Sticking-Pattern auf Drumbeats anzuwenden, ist eine Möglichkeit für deinen Technikaufbau, der Spaß macht. Bei jedem Drumbeat unten wird das Ride-Pattern auf den geschlossenen Hi-Hats gespielt und die Backbeats werden auf die Schläge 2 und 4 gespielt.

Beispiel 74:

Beispiel 75:

Beispiel 76:

Das nächste Beispiel wird in Halftime gespielt. Das 1/16-Sextolen-Ride-Pattern wird auf den geschlossenen Hi-Hats gespielt und der einzelne Backbeat wird auf Schlag 3 gespielt.

Beispiel 77:

Schau dir jetzt diesen interessanten Double-Paradiddle-Beat mit einem Doubletime-Feel an.

Beispiel 78:

Die folgenden Beispiele werden dir helfen, deine technische Beherrschung von Double Paradiddles, akzentuierten Noten und Ghost Notes gleichzeitig zu entwickeln.

Beispiel 79:

Beispiel 80:

Beispiel 81:

Double Paradiddle mit Flams und Drags

Obwohl es kein spezifisches Sticking Pattern in den 40 Drum Rudiments dazu gibt, solltest du dennoch die technische Fähigkeit erlangen, dem Double Paradiddle *Flams* und *Drags* hinzuzufügen. Schauen wir uns diese ersten Beispiele an.

Beispiel 82: *Der Double Paradiddle wird mit Flams gespielt.*

Beispiel 83: *Der Double Paradiddle wird mit Drags gespielt.*

Reversed Double Paradiddle

Wenn du die Doppelschlag (Diddle)-Noten an den Anfang jedes Double Paradiddles verschiebst, wird dieses neu arrangierte Sticking Pattern ein *Reversed Single Paradiddle* genannt: R R L R L R - L L R L R L. So sieht es auf dem Papier aus:

Beispiel 84:

R R L R L R L L R L R L R R L R L R L L R L R L

Wie in den nächsten beiden Beispielen gezeigt, kannst du das Reversed-Double-Paradiddle-Pattern als Fills verwenden.

Beispiel 85:

R R L R L R L L R L R L R R L R L R L L R L R L

Beispiel 86:

R R L R L R L L R L R L R R L R L R L L R L R L

Wenn die Akzente eines Reversed Double Paradiddle auf der ersten Note jedes Doppelschlags gespielt werden (Diddle), wird dieser neue Übergang als *Double Mill* bezeichnet.

Beispiel 87:

Drag Paradiddle #1

Der *Drag Paradiddle #1* ist ein interessantes Rudiment, das auf dem Double Paradiddle basiert. Dieses Rudiment ist im 6/8-Takt geschrieben und besteht aus einem akzentuierten 1/8-Einzelschlag und einem 1/16-Paradiddle. Der Drag wird kurz vor dem Paradiddle gespielt.

Es gibt eine einfache Möglichkeit, den Drag Paradiddle #1 zu spielen: Zuerst spielt man einen Double Paradiddle (R L R L R R / L R L R L L). Spiele dann einen Drag statt jeder zweiten 1/16-Note (R LL R L R R / L RR L R L L).

Konzentriere dich auf die Notation und hör dir den Audiotrack an, um dieses Rudiment korrekt auszuführen.

Beispiel 88:

Das nächste Beispiel zeigt einen melodischen Drag-Paradiddle #1-Fill. Die akzentuierten Töne werden auf dem Standtom bzw. dem Rack Tom gespielt. Die restlichen Noten werden auf der Snare Drum gespielt.

Beispiel 89:

Hier ist ein bluesiger 6/8-Drumbeat, der mit dem Drag Paradiddle #1 erzeugt wurde. Das Ride-Pattern wird auf den geschlossenen Hi-Hats gespielt. Auf Schlag 4 wird der akzentuierte Ton auf der Snare Drum gespielt.

Beispiel 90:

Double Paradiddle Feet Patterns

Wir werden dieses Kapitel vervollständigen, indem wir *Double Paradiddle Feet Patterns* üben.

Hier sind vier herausfordernde Ideen. Übe sie langsam mit einem Metronom und beschleunige nicht, bis du sie flüssig spielen kannst.

Die Double Paradiddle Roll wird zwischen der Bass Drum und dem Hi-Hat-Fußpedal gespielt. Die Backbeats werden auf Schlag 2 und Schlag 4 gespielt.

Beispiel 91:

Die Double Paradiddle Roll wird zwischen der Bass Drum 1 und der Bass Drum 2 gespielt. Die Backbeats werden auf Schlag 2 und Schlag 4 geschlagen.

Beispiel 92:

Die Double Paradiddle Roll wird zwischen der Bass Drum 1 und der Bass Drum 2 gespielt. Die Backbeats werden auf Schlag 2 und Schlag 4 gespielt, die 1/4-Ride-Beckenschläge werden dem Groove hinzugefügt.

Beispiel 93:

Die Double Paradiddle Roll wird zwischen der Bass Drum 1 und der Bass Drum 2 gespielt. Die Backbeats werden auf Schlag 2 und Schlag 4 gespielt, die 1/8-Ride-Beckenschläge werden dem Groove hinzugefügt.

Beispiel 94:

Single Paradiddle-Diddle

Nachdem wir die Single- und Double-Paradiddle-Rudiments in den vorhergehenden Kapiteln gemeistert haben, ist es an der Zeit, den *Single Paradiddle-Diddle* zu studieren. Er hat eine 1/16-Sextolenstruktur und besteht aus zwei abwechselnden Einzelschlägen und zwei abwechselnden Doppelschlägen. Die ersten Einzelschläge sind akzentuiert.

Die Handkombination des einzelnen Paradiddle-Diddle wechselt sich nicht natürlicherweise ab. Um deine Technik zu entwickeln, solltest du diese Beispiele mit dem Führen mit jeder Hand üben. Wenn du normalerweise mit der rechten Hand führst, solltest du auch das Führen mit der linken Hand üben.

Das Sticking Pattern des Single Paradiddle-Diddle wird im folgenden Beispiel gezeigt. Übe es in langsameren Tempi (50-60 bpm), bis du es fließend spielen kannst. Dann werde allmählich schneller und baue zu schnelleren Tempi auf.

Beispiel 95:

Als nächstes werden die akzentuierten Noten des Single Paradiddle-Diddle verschoben, um das Rudiment zu verstärken und die folgenden Variationen zu erzeugen.

Beispiel 96:

Beispiel 97:

Beispiel 98:

R L R R L L R L R R L L R L R R L L R L R R L L

Beispiel 99:

R L R R L L R L R R L L R L R R L L R L R R L L

Single Paradiddle-Diddle Drumfills

Nun lernst du, wie du den Single Paradiddle-Diddle auf Drumfills anwenden kannst. Die folgenden kreativen Ideen und Drumfills sind wichtige Ergänzungen zu deinem Schlagzeugrepertoire.

Die akzentuierten Noten werden auf den Becken (mit Bass Drum) angeschlagen. Die restlichen Noten werden auf der Snare Drum gespielt:

Beispiel 100: *Der Single Paradiddle-Diddle.*

Beispiel 101: *Die Single-Paradiddle-Diddle-Variation.*

Beispiel 102: *Die Single-Paradiddle-Diddle-Variation.*

Die akzentuierten Töne werden auf dem Standtom oder Rack Tom geschlagen. Die restlichen Noten werden auf der Snare Drum gespielt:

Beispiel 103: *Der Single Paradiddle-Diddle.*

R L R R L L R L R R L L R L R R L L R L R R L L

Beispiel 104: *Die Single-Paradiddle-Diddle-Variation.*

R L R R L L R L R R L L R L R R L L R L R R L L

Beispiel 105: *Die Single-Paradiddle-Diddle-Variation.*

R L R R L L R L R R L L R L R R L L R L R R L L

• Der Single-Paradiddle wird vollständig zwischen dem Standtom und dem Rack Tom gespielt:

Beispiel 106: *Der Single Paradiddle-Diddle.*

R L R R L L R L R R L L R L R R L L R L R R L L

Beispiel 107: *Die Single-Paradiddle-Diddle-Variation.*

R L R R L L R L R R L L R L R R L L R L R R L L

Beispiel 108: *Die Single-Paradiddle-Diddle-Variation.*

R L R R L L R L R R L L R L R R L L R L R R L L

Die akzentuierten Töne werden auf der Snare Drum angeschlagen. Die restlichen Noten werden zwischen dem Standtom und dem Rack Tom gespielt:

Beispiel 109: *Der Single Paradiddle-Diddle.*

R L R R L L R L R R L L R L R R L L R L R R L L

Beispiel 110: *Die Single-Paradiddle-Diddle-Variation.*

R L R R L L R L R R L L R L R R L L R L R R L L

Beispiel 111: *Die Single-Paradiddle-Diddle-Variation.*

Single Paradiddle-Diddle-Drumbeats

Die nächsten drei Single-Paradiddle-Diddle-Patterns sind ziemlich einfache Drumbeats. In jedem Beispiel wird das Ride-Pattern auf den geschlossenen Hi-Hats abgespielt. Achte auf die Variationen der Bass Drum und der Snare Drum.

Beispiel 112:

Beispiel 113:

Beispiel 114:

Das Beispiel unten ist ein cooler Halftime-Drumbeat. Auch hier wird das Ride-Pattern auf den geschlossenen Hi-Hats und der einzelne Backbeat auf Schlag 3 gespielt.

Beispiel 115:

Die folgenden Patterns sind funky Drumbeats, die mit Ghost Notes angereichert sind. Technisch gesehen sind diese Beispiele komplizierter als die vorhergehenden Beispiele, so dass du möglicherweise mehr Zeit zum Üben benötigst.

In jedem Beispiel wird der Single Paradiddle-Diddle zwischen den geschlossenen Hi-Hats und der Snare Drum gespielt.

Beispiel 116:

Beispiel 117:

Reversed Single Paradiddle-Diddle

Als nächstes werden wir eine Inversion ausprobieren, die wir *den Reversed Single Paradiddle-Diddle* nennen. Dieses Stickig-Pattern entsteht, indem man mit den beiden Doppelschlägen beginnt und mit den Einzelschlägen endet: R R L L R L.

Beispiel 118:

R R L L R L R R L L R L R R L L R L R R L L R L

Du kannst deine technischen Fähigkeiten weiter ausbauen, indem du den Reversed Single Paradiddle-Diddle in Drumfills verwendest.

Hier sind zwei grundsätzliche Varianten.

Beispiel 119:

R R L L R L R R L L R L R R L L R L R R L L R L

Beispiel 120:

R R L L R L R R L L R L R R L L R L R R L L R L

Flam Paradiddle-Diddle

Der *Flam Paradiddle-Diddle* ist eine Mischung aus einem Flam und einem Single-Paradiddle-Diddle-Rudiment. Er hat eine 1/16-Sextolenstruktur und besteht aus zwei abwechselnden Einzelschlägen und zwei abwechselnden Doppelschlägen, wobei der erste Einzelschlag als Flam gespielt wird.

Die Notation des Flam Paradiddle-Diddle siehst du im Beispiel unten. Lerne dieses Rudiment mit jeder Hand zu führen:

Beispiel 121:

Das nächste Beispiel demonstriert einen Single-Flam-Paradiddle-Diddle-Fill. In diesem Fill werden die Haupttöne der Schläge 1 und 2 auf dem Rack Tom und die Haupttöne der Schläge 3 und 4 auf dem Standtom geschlagen. Die restlichen Noten des Rudiments werden auf der Snare Drum gespielt:

Beispiel 122:

Im nächsten Beispiel lernst du, wie du den Flam Paradiddle-Diddle als fantastischen Drumbeat einsetzen kannst. Das Ride-Pattern (einschließlich der Vorschläge) wird auf den geschlossenen Hi-Hats mit zwei Backbeats auf den Zählzeiten 2 und 4 gespielt:

Beispiel 123:

Single Paradiddle-Diddle Feet Patterns

Zum Schluss üben wir die folgenden Fuß-Patterns. Die Anwendung des Single Paradiddle-Diddle auf Fuß-Patterns kann knifflig sein. Sei geduldig und verwende ein Metronom, um präzise schneller zu werden.

Die Single Paradiddle-Diddle Roll wird zwischen der Bass Drum und dem Hi-Hat-Fußpedal gespielt. Die Backbeats werden auf Schlag 2 und Schlag 4 gespielt.

Beispiel 124:

Die Single Paradiddle-Diddle Roll wird zwischen der Bass Drum 1 und der Bass Drum 2 gespielt. Die Backbeats werden auf Schlag 2 und Schlag 4 gespielt.

Beispiel 125:

Die Single Paradiddle-Diddle Roll wird zwischen der Bass Drum 1 und der Bass Drum 2 gespielt. Die Backbeats werden auf Schlag 2 und Schlag 4 gespielt, die 1/4-Ride-Beckenschläge werden dem Groove hinzugefügt.

Beispiel 126:

Die Single Paradiddle-Diddle Roll wird zwischen der Bass Drum 1 und der Bass Drum 2 gespielt. Die Backbeats werden auf Schlag 2 und Schlag 4 gespielt, die 1/8-Ride-Beckenschläge werden dem Groove hinzugefügt.

Beispiel 127:

Triple Paradiddle

In diesem Kapitel werden wir das vierte und letzte Pattern der Familie der Paradiddle-Rudimente studieren: *den Triple Paradiddle*. Dieses Rudiment hat eine ähnliche Struktur wie der Single Paradiddle. Es besteht aus sechs abwechselnden Einzelschlägen und einem Doppelschlag. Der erste Einzelschlag ist akzentuiert.

Der 1/16-Triple-Paradiddle wird wie folgt notiert. Konzentriere dich auf die Handkombination dieses Rudiments und versuche, es gleichmäßig zu spielen.

Beispiel 128:

R L R L R L R R L R L R L R L L

Nun siehst du dir die folgenden Triple-Paradiddle-Variationen auf der Snare Drum an. Wie du feststellen wirst, werden die Akzente auf verschiedenen Schlägen gespielt.

Beispiel 129:

R L R L R L R R L R L R L R L L

Beispiel 130:

R L R L R L R R L R L R L R L L

Beispiel 131:

Beispiel 132:

Beispiel 133:

Triple Paradiddle Drumfills

Für deine technische Weiterentwicklung ist es wichtig, dass du Triple Paradiddle Drumfills erstellen und spielen kannst. Die folgenden kreativen Ideen sollten dir bereits aus den vorangegangenen Kapiteln bekannt sein. Jetzt wirst du sie als Triple-Paradiddle-Fills entwickeln. Lies wie immer die Erklärungen und hör dir die Audiobeispiele an, bevor du mit dem Training beginnst.

Die akzentuierten Noten werden auf den Becken (mit Bass Drum) angeschlagen. Die restlichen Noten werden auf der Snare Drum gespielt:

Beispiel 134: *Der Triple Paradiddle.*

Beispiel 135: *Die Triple-Paradiddle-Variation.*

Beispiel 136: *Die Triple-Paradiddle-Variation.*

Die akzentuierten Noten werden auf dem Standtom oder dem Rack Tom gespielt. Die restlichen Noten werden auf der Snare Drum gespielt:

Beispiel 137: *Der Triple Paradiddle.*

R L R L R L R R L R L R L R L L

Beispiel 138: *Die Triple-Paradiddle-Variation.*

R L R L R L R R L R L R L R L L

Beispiel 139: *Die Triple-Paradiddle-Variation.*

R L R L R L R R L R L R L R L L

Der Single Paradiddle wird komplett zwischen dem Standtom und dem Rack Tom gespielt:

Beispiel 140: *Der Triple Paradiddle.*

R L R L R L R R L R L R L R L L

Beispiel 141: *Die Triple-Paradiddle-Variation.*

R L R L R L R R L R L R L R L L

Beispiel 142: *Die Triple-Paradiddle-Variation.*

R L R L R L R R L R L R L R L L

Die akzentuierten Töne werden auf der Snare Drum angeschlagen. Die restlichen Noten werden zwischen dem Standtom und dem Rack Tom gespielt:

Beispiel 143: *Der Triple Paradiddle.*

R L R L R L R R L R L R L R L L

Beispiel 144: *Die Triple-Paradiddle-Variation.*

R L R L R L R R L R L R L R L L

Beispiel 145: *Die Triple-Paradiddle-Variation.*

R L R L R L R R L R L R L R L L

Triple Paradiddle Drumbeats

Nachdem man die Triple-Paradiddle-Fills gemeistert hat, ist der nächste Schritt das Üben in Drumbeats. Die folgenden drei Beispiele zeigen Halftime-Drumbeats mit unterschiedlichen Bass-Drum-Patterns.

In jedem Beispiel wird das Ride-Pattern auf den geschlossenen Hi-Hats gespielt und der einzelne Backbeat auf Schlag 3 geschlagen.

Beispiel 146:

Beispiel 147:

Beispiel 148:

Du kannst deine Koordination und dein flüssiges Spiel mit dem Triple-Paradiddle-Pattern weiter verbessern, indem du die folgenden Groove-Variationen übst. Diesmal werden die Backbeats auf die Schläge 2 und 4 gespielt.

Beispiel 149:

Beispiel 150:

Beispiel 151:

Das Hinzufügen von Ghost Notes in Grooves ist eine wichtige Technik, um abwechslungsreich klingende Drumbeats zu erzeugen.

Im folgenden Halftime-Drumbeat wird der Triple Paradiddle zwischen den geschlossenen Hi-Hats und der Snare Drum gespielt. Die akzentuierten Backbeats werden auf die Schläge 2 und 4 gespielt. Die restlichen Noten der Snare Drum werden als Ghost Notes gespielt.

Beispiel 152:

Reversed Triple Paradiddle

Nun lasst uns den *Reversed Triple Paradiddle* lernen. Das Sticking Pattern dieser Umkehrung beginnt mit den Doppelschlägen: R R L R L R L R – L L R L R L R L.

Beispiel 153:

Wenn du den Reversed Triple Paradiddle auf der Snare Drum flüssig spielen kannst, kannst du die folgenden Drumfills ausprobieren.

Beispiel 154:

Beispiel 155:

Triple Paradiddle mit „Flams" und „Drags"

Es gibt zwei verschiedene Beispiele für dich in diesem Abschnitt. Das erste zeigt eine Kombination aus dem Triple Paradiddle und Flams. Das zweite demonstriert eine zweitaktige Phrasenkombination aus dem Triple Paradiddle und Drags.

Wenn du auf die Audioaufnahmen achtest und regelmäßig übst, wirst du diese Patterns schnell lernen.

Beispiel 156: *Der Triple Paradiddle wird mit Flams gespielt.*

Beispiel 157: *Der Triple Paradiddle wird mit Drags in einer zweitaktigen Phrase gespielt.*

Drag Paradiddle #2

Ein weiteres Drag-Rudiment, das auf dem Paradiddle basiert, ist der *Drag Paradiddle #2*. Technisch gesehen besteht er aus einem 1/8-Doppelschlag und einem 1/16-Paradiddle. Der erste Drag wird vor dem zweiten 1/8-Schlag gespielt und der zweite Drag wird kurz vor dem Paradiddle gespielt. Die erste Note ist akzentuiert.

Um dieses Rudiment schnell zu erlernen, kannst du folgende Schritte befolgen: Zuerst spielest du einen Triple (R L R L R L R R / L R L R L R L L). Dann spielst du statt jeder zweiten und vierten 1/16-Note Drags (R LL R LL R L R R / L RR L RR L R L L). Schau dir die Handkombination an und übe mit einem Metronom.

Beispiel 158:

Der folgende Fill wurde mit einer einfachen Idee erstellt, die auf dem Drag Paradiddle #2 basiert. Die akzentuierten Töne werden auf dem Standtom bzw. dem Rack Tom angeschlagen. Die restlichen Noten (einschließlich der Drags) des Rudiments werden auf der Snare Drum gespielt.

Beispiel 159:

Zum Schluss wollen wir diesen funky Beat ausprobieren, der mit dem Drag Paradiddle #2 erstellt wurde. Auch hier wird das Ride-Pattern auf den geschlossenen Hi-Hats mit einem Backbeat auf Schlag 3 gespielt.

Beispiel 160:

Triple Paradiddle Feet Patterns

Wir werden dieses Kapitel abschließen, indem wir vier Triple Paradiddle Feet Patterns lernen.

Die Triple Paradiddle Roll wird zwischen der Bass Drum und dem Hi-Hat-Fußpedal gespielt. Der einzelne Backbeat wird auf Schlag 3 gespielt.

Beispiel 161:

Die Triple Paradiddle Roll wird zwischen der Bass Drum 1 und der Bass Drum 2 gespielt. Der einzelne Backbeat wird auf Schlag 3 gespielt.

Beispiel 162:

Die Triple Paradiddle Roll wird zwischen der Bass Drum 1 und der Bass Drum 2 gespielt. Der einzelne Backbeat wird auf Schlag 3 gespielt, die 1/4-Ride-Beckenschläge werden dem Groove hinzugefügt.

Beispiel 163:

Die Triple Paradiddle Roll wird zwischen der Base Drum 1 und der Bass Drum 2 gespielt. Der einzelne Backbeat wird auf Schlag 3 gespielt, die 1/8-Ride-Beckenschläge werden dem Groove hinzugefügt.

Beispiel 164:

Gemischte Paradiddle-Übungen

Wenn du alle vier grundlegenden Paradiddle-Rudiments beherrschst, bist du bereit, sie in zweitaktigen und viertaktigen Phrasen zu kombinieren. Das Üben von *gemischten Paradiddle-Übungen* wird nicht nur deine technischen Fähigkeiten erhöhen, sondern auch deinem Schlagzeugspiel mehr Musikalität und Kreativität verleihen. Du kannst jedes Beispiel in Grooves oder Drum-Soli spielen.

Das Spielen von zweitaktigen und viertaktigen Paradiddle-Phrasen ist eine ziemliche Herausforderung, also lies die die Erklärungen, hör dir die Audioaufnahmen an und übe jedes Beispiel sorgfältig mit einem Metronom.

Gemischte Paradiddle-Übungen in zwei Takten

In diesem Abschnitt wirst du kreative Ideen entdecken, die verschiedene Paradiddles in zweitaktigen Phrasen kombinieren.

Die folgenden zweitaktigen Phrasenkombinationen werden mit dem Single Paradiddle und dem Double Paradiddle erstellt:

Beispiel 165: Der Single Paradiddle ist in Takt eins. Der Double Paradiddle ist in Takt zwei.

Beispiel 166: Der Single-Paradiddle-Fill ist in Takt eins. Der Double-Paradiddle-Fill ist in Takt zwei.

Beispiel 167: Die Single-Paradiddle-Variation ist in Takt eins. Die Double-Paradiddle-Variation ist in Takt zwei.

Beispiel 168: Die Single-Paradiddle-Fill-Variation ist in Takt eins. Die Double-Paradiddle-Fill-Variation ist in Takt zwei.

Beispiel 169: Der Flam Paradiddle ist in Takt eins. Der Double Paradiddle mit Flams ist in Takt zwei.

Beispiel 170: Der Flam-Paradiddle-Fill ist in Takt eins. Der Double-Paradiddle-Fill mit Flams ist in Takt zwei.

Beispiel 171: Der Single-Paradiddle-Drumbeat ist in Takt eins. Der Double-Paradiddle-Drumbeat ist in Takt zwei.

Die folgenden zweitaktigen Phrasenkombinationen werden mit dem Single Paradiddle und dem Single Paradiddle-Diddle erstellt:

Beispiel 172: Der Single Paradiddle ist in Takt eins. Der Single Paradiddle-Diddle ist in Takt zwei.

RLRRLRLLRLRRLRLL   RLRRLLRLRRLLRLRRLLRLRRLL

Beispiel 173: Der Single-Paradiddle-Fill ist in Takt eins. Der Single-Paradiddle-Diddle-Fill ist in Takt zwei.

RLRRLRLLRLRRLRLL   RLRRLLRLRRLLRLRRLLRLRRLL

Beispiel 174: Die Single-Paradiddle-Variation ist in Takt eins. Die Single-Paradiddle-Diddle-Variation ist in Takt zwei.

RLRRLRLLRLRRLRLL   RLRRLLRLRRLLRLRRLLRLRRLL

Beispiel 175: Die Single-Paradiddle-Fill-Variation ist in Takt eins. Die Single-Paradiddle-Diddle-Fill-Variation ist in Takt zwei.

RLRRLRLLRLRRLRLL   RLRRLLRLRRLLRLRRLLRLRRLL

Beispiel 176: Der Flam Paradiddle ist in Takt eins. Der Flam Paradiddle-Diddle ist in Takt zwei.

Beispiel 177: Der Flam-Paradiddle-Fill ist in Takt eins. Der Flam-Paradiddle-Diddle-Fill ist in Takt zwei.

Beispiel 178: Der Single-Paradiddle-Drumbeat ist im ersten Takt. Der Single-Paradiddle-Diddle-Drumbeat ist in Takt zwei.

Die folgenden zweitaktigen Phrasenkombinationen werden mit dem Single Paradiddle und dem Triple Paradiddle erstellt:

Beispiel 179: Der Single Paradiddle ist in Takt eins, der Triple Paradiddle in Takt zwei.

Beispiel 180: Der Single-Paradiddle-Fill ist in Takt eins. Der Triple-Paradiddle-Fill ist in Takt zwei.

R L R R L R L L R L R R L R L L   R L R L R L R R L R L R L R L L

Beispiel 181: Die Single-Paradiddle-Variation ist in Takt eins. Die Triple-Paradiddle-Variation ist in Takt zwei.

R L R R L R L L R L R R L R L L   R L R L R L R R L R L R L R L L

Beispiel 182: Die Single-Paradiddle-Fill-Variation ist in Takt eins. Die Triple-Paradiddle-Fill-Variation ist in Takt zwei.

R L R R L R L L R L R R L R L L   R L R L R L R R L R L R L R L L

Beispiel 183: Der Flam Paradiddle ist in Takt eins. Der Triple Paradiddle mit Flams ist in Takt zwei.

L R L R R L R L L L R L R R L R L L   L R L R L R L R R L R L R L R L L

Beispiel 184: Der Flam-Paradiddle-Fill ist in Takt eins. Der Triple-Paradiddle-Fill mit Flams ist in Takt zwei.

L R R R L R L L L R L R R R L R L L L R L R L R L R R L R L R L R L L

Beispiel 185: Der Single-Paradiddle-Drumbeat ist in Takt eins. Der Triple-Paradiddle-Drumbeat ist in Takt zwei.

R L R R L R L L L R L R R L R L L R L R L R L R R L R L R L R L L

Die folgenden zweitaktigen Phrasenkombinationen werden mit dem Double Paradiddle und dem Single Paradiddle-Diddle erstellt:

Beispiel 186: Der Double Paradiddle ist in Takt eins. Der Single Paradiddle-Diddle ist in Takt zwei.

R L R L R R L R L R L L L R L R L R R L R L R L L R L R R L L R L R R L L R L R R L L R L R R L L

Beispiel 187: Der Double-Paradiddle-Fill ist in Takt eins. Der Single-Paradiddle-Diddle-Fill ist in Takt zwei.

R L R L R R L R L R L L L R L R L R R L R L R L L R L R R L L R L R R L L R L R R L L R L R R L L

Beispiel 188: Die Double-Paradiddle-Variation ist in Takt eins. Die Single-Paradiddle-Diddle-Variation ist in Takt zwei.

Beispiel 189: Die Double-Paradiddle-Fill-Variation ist in Takt eins. Die Single-Paradiddle-Diddle-Fill-Variation ist in Takt zwei.

Beispiel 190: Der Double Paradiddle mit Flams ist in Takt eins. Der Flam-Paradiddle-Diddle ist in Takt zwei.

Beispiel 191: Der Double-Paradiddle-Fill mit Flams ist in Takt eins. Der Flam-Paradiddle-Diddle-Fill ist in Takt zwei.

Beispiel 192: Der Double-Paradiddle-Drumbeat ist in Takt eins. Der Single-Paradiddle-Diddle-Drumbeat ist in Takt zwei.

RLRLRRLRLRLLRLRLRRLRLRLL   RLRRLLRLRRLLRLRRLLRLRRLL

Die folgenden zweitaktigen Phrasenkombinationen werden mit dem Double Paradiddle und dem Triple Paradiddle erstellt:

Beispiel 193: Der Double Paradiddle ist in Takt eins. Der Triple Paradiddle ist in Takt zwei.

RLRLRRLRLRLLRLRLRRLRLRLL   RLRLRLRRLRLRLRLRLL

Beispiel 194: Der Double-Paradiddle-Fill ist in Takt eins. Der Triple-Paradiddle-Fill ist in Takt zwei.

RLRLRRLRLRLLRLRLRRLRLRLL   RLRLRLRRLRLRLRLRLL

Beispiel 195: Die Double-Paradiddle-Variation ist in Takt eins. Die Triple-Paradiddle-Variation ist in Takt zwei.

RLRLRRLRLRLLRLRLRRLRLRLL   RLRLRLRRLRLRLRLRLL

Beispiel 196: Die Double-Paradiddle-Fill-Variation ist in Takt eins. Die Triple-Paradiddle-Fill-Variation ist in Takt zwei.

Beispiel 197: Der Double Paradiddle mit Flams ist in Takt eins. Der Triple Paradiddle mit Flams ist in Takt zwei.

Beispiel 198: Der Double-Paradiddle-Fill mit Flams ist in Takt eins. Der Double-Paradiddle-Fill mit Flams ist in Takt zwei.

Beispiel 199: Der Double-Paradiddle-Drumbeat ist in Takt eins. Der Triple-Paradiddle-Drumbeat ist in Takt zwei.

Die folgenden zweitaktigen Phrasenkombinationen werden mit dem Single Paradiddle-Diddle und dem Triple Paradiddle erstellt:

Beispiel 200: Der Single Paradiddle-Diddle ist in Takt eins. Der Triple Paradiddle ist in Takt zwei.

RLRRLLRLRRLLRLRRLLRLRRLL   RLRLRLRRLRLRLRLL

Beispiel 201: Der Single-Paradiddle-Diddle-Fill ist in Takt eins. Der Triple-Paradiddle-Fill ist in Takt zwei.

RLRRLLRLRRLLRLRRLLRLRRLL   RLRLRLRRLRLRLRLL

Beispiel 202: Die Single-Paradiddle-Diddle-Variation ist in Takt eins. Die Triple-Paradiddle-Variation ist in Takt zwei.

RLRRLLRLRRLLRLRRLLRLRRLL   RLRLRLRRLRLRLRLL

Beispiel 203: Die Single-Paradiddle-Diddle-Fill-Variation ist in Takt eins. Die Triple-Paradiddle-Fill-Variation ist in Takt zwei.

RLRRLLRLRRLLRLRRLLRLRRLL   RLRLRLRRLRLRLRLL

Beispiel 204: Der Flam-Paradiddle-Diddle ist in Takt eins. Der Triple Paradiddle mit Flams ist in Takt zwei.

Beispiel 205: Der Flam-Paradiddle-Diddle-Fill ist in Takt eins. Der Triple-Paradiddle-Fill mit Flams ist in Takt zwei.

Beispiel 206: Der Single-Paradiddle-Diddle-Drumbeat ist in Takt eins. Der Triple-Paradiddle-Drumbeat ist in Takt zwei.

Gemischte viertaktige Paradiddle-Übungen

Nun lasst uns viertaktige Phrasenkombinationen mit allen vier Paradiddle-Rudiments erstellen. Die folgenden Beispiele helfen dir, deine Technik über Paradiddles zu entwickeln und bereiten dich auf komplexere Grooves, Drumfills und Soli vor.

Beispiel 207: Der Single Paradiddle ist in Takt eins. Der Double Paradiddle ist in Takt zwei. Der Single Paradiddle-Diddle ist in Takt drei. Der Triple Paradiddle ist in Takt vier.

Beispiel 208: Der Single-Paradiddle-Fill ist in Takt eins. Der Double-Paradiddle-Fill ist in Takt zwei. Der Single-Paradiddle-Diddle-Fill ist in Takt drei. Der Triple-Paradiddle-Fill ist in Takt vier.

Beispiel 209: Der Single-Paradiddle-Fill ist in Takt eins. Der Double-Paradiddle-Fill ist in Takt zwei. Der Single-Paradiddle-Diddle-Fill ist in Takt drei. Der Triple-Paradiddle-Fill ist in Takt vier.

R L R R L R L L L R R L R L L   R L R L R R L R L R L L L R L R R L R L L

R L R R L L R L R R L L R L R R L L R L R R L L   R L R L R L R R L R L R L R L L

Beispiel 210: Der Single-Paradiddle-Fill ist in Takt eins. Der Double-Paradiddle-Fill ist in Takt zwei. Der Single-Paradiddle-Diddle-Fill ist in Takt drei. Der Triple-Paradiddle-Fill ist in Takt vier.

R L R R L R L L L R L R R L R L L   R L R L R R L R L R L L L R L R R L R L L

R L R R L L R L R R L L R L R R L L R L R R L L   R L R L R L R R L R L R L R L L

Beispiel 211: Die Single-Paradiddle-Variation ist in Takt eins. Die Double-Paradiddle-Variation ist in Takt zwei. Die Single-Paradiddle-Diddle-Variation ist in Takt drei. Die Triple-Paradiddle-Variation ist in Takt vier.

R L R R L R L L L R L R R L R L L   R L R L R R L R L R L L L R L R R L R L L

R L R R L L R L R R L L R L R R L L R L R R L L   R L R L R L R R L R L R L R L L

Beispiel 212: Die Single-Paradiddle-Fill-Variation ist in Takt eins. Die Double-Paradiddle-Fill-Variation ist in Takt zwei. Die Single-Paradiddle-Diddle-Fill-Variation ist in Takt drei. Die Triple-Paradiddle-Fill-Variation ist in Takt vier.

Beispiel 213: Der Flam-Paradiddle ist in Takt eins. Der Double Paradiddle mit Flams ist in Takt zwei. Der Flam-Paradiddle-Diddle ist in Takt drei. Der Triple Paradiddle mit Flams ist in Takt vier.

Beispiel 214: Der Flam-Paradiddle-Fill ist in Takt eins. Der Double-Paradiddle-Fill mit Flams ist in Takt zwei. Der Flam-Paradiddle-Diddle-Fill ist in Takt drei. Der Triple-Paradiddle-Fill mit Flams ist in Takt vier.

Beispiel 215: Der Single-Paradiddle-Drumbeat ist in Takt eins. Der Double-Paradiddle-Drumbeat ist in Takt zwei. Der Single-Paradiddle-Diddle-Drumbeat ist in Takt drei. Der Triple-Paradiddle-Drumbeat ist in Takt vier.

Paradiddle Cadence

Das letzte Beispiel in diesem Buch ist ein spezifisches viertaktiges Phrasenmuster, das *Paradiddle Cadence* genannt wird. Es hat eine 1/16-Struktur und besteht aus vier Single Paradiddles, vier Double Paradiddles und drei Triple Paradiddles.

Normalerweise hat das Double Paradiddle eine 1/16-Sextolenstruktur. In der Paradiddle Cadence werden die Double Paradiddles jedoch als 1/16-Noten gespielt.

Beachte, dass sich die führende Hand und die Sticking-Kombinationen in jeder Wiederholung dieser viertaktigen Phrase abwechseln.

Beispiel 216:

Fazit

Herzlichen Glückwunsch zum Abschließen dieses Buches!

Jetzt, wo du das theoretische Wissen, die Fertigkeiten, die musikalische Anwendung und die Techniken der Paradiddle-Rudiments beherrschst, bist du bereit, weiterzumachen. Vergiss nicht, deine Fähigkeiten und Technik durch regelmäßiges Üben der Beispiele in diesem Buch aufrechtzuerhalten.

Der nächste Schritt ist es, herauszufinden, welche Musik du spielen möchtest. Baue weiterhin auf den Grundfähigkeiten auf, die du in diesem Buch gelernt hast, und beginne zu studieren, wie sie auf verschiedene Genres wie Rock, Jazz, Latin, Funk, Blues, Soul, Hip-Hop, etc. angewendet werden können. Das Erforschen verschiedener Musikarten wird deine Schlagzeugfähigkeiten beeinflussen und verbessern.

Tritt einer Band bei, um Erfahrung und Selbstvertrauen bei Live-Auftritten zu gewinnen. In einer Band zu sein, gibt dir die Möglichkeit, mit anderen Musikern Zeit zu verbringen, Songs zu spielen, die du magst, bei Konzerten aufzutreten, musikalische Erfahrungen zu sammeln und deine Zeit als Schlagzeuger zu genießen.

Nochmals vielen Dank für das Lesen und Durcharbeiten dieses Buches. Ich wünsche dir alles Gute für deine musikalische Reise!

Ich entlasse dich mit den folgenden Worten von drei großen Schlagzeugern:

„Man kann nur besser werden, indem man spielt." - Buddy Rich.

„Schnell am Schlagzeug spielen ist eine Sache. Aber Musik zu spielen, damit andere sie hören können, das ist etwas anderes. Das ist eine ganz andere Welt." - Tony Williams.

„Für mich ist das wichtigste Werkzeug nicht ein physisches oder technisches. Es ist eher ein zerebrales. Es ist dein Gehirn. Es geht darum, ein Interesse am musikalischen Experimentieren zu haben, das vielleicht mehrere verschiedene Musikrichtungen berührt. Kein Zweifel, das wichtigste Werkzeug ist der Geist. Es ist die Bereitschaft, frei zu experimentieren." - Mike Portnoy.

Viel Vergnügen!

Serkan